Made in the USA
Middletown, DE
04 October 2023

40204179R00057